Gulliver Taschenbuch 118

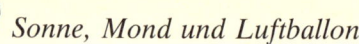

Sonne, Mond und Luftballon

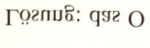

Such's in Paris nicht, such's in Rom,
such es im Kloster, such's im Dom.
Im Krug steckt's nicht,
doch steckt's im Topf,
nicht in der Kiste, doch im Kopf.

Hat es der Vater? Nein, der Sohn.
In Sonne, Mond und Luftballon
ist es versteckt.
Es sitzt im Boot,
im Rosenstock, im Morgenrot.

Lösung: das O

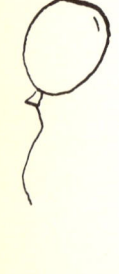
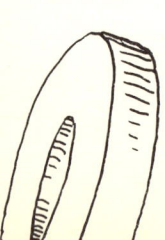

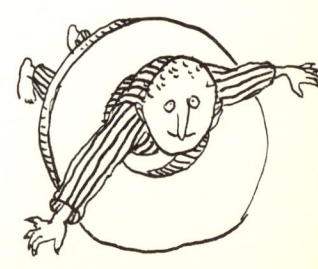

Josef Guggenmos

Sonne, Mond und Luftballon

Gedichte für Kinder

Mit Bildern von
Kerstin Meyer

BELTZ
& Gelberg

Josef Guggenmos, geboren 1922 in Irsee (Allgäu), studierte
Literaturgeschichte, Kunstgeschichte, Indologie. Aufenthalt in Finnland,
lebt heute in Irsee. Er veröffentlichte Lyrik und Prosa für Kinder. *Was denkt
die Maus am Donnerstag?* wurde 1968 mit der Prämie zum Deutschen
Jugendbuchpreis ausgezeichnet; für sein lyrisches Gesamtwerk erhielt
er 1995 den Deutschen Jugendliteraturpreis und 1997 den
Österreichischen Staatspreis.

Kerstin Meyer, geboren 1966 in Wedel, studierte an der Fachhochschule für
Gestaltung in Hamburg. Sie lebt als freischaffende Illustratorin in Hamburg
und hat bereits mehrere Kinderbücher illustriert.

Die vorliegenden Gedichte erschienen 1984 unter demselben Titel mit
Illustrationen von Mario Grasso. In der Taschenbuchausgabe entfallen die
Rätsel und Gedichte, die im Sammelband *Oh, Verzeihung, sagte die Ameise*
sowie im Rätseltaschenbuch *Zwei mit vier Beinen* enthalten sind.

Gulliver Taschenbuch 118
© 1984, 1991 Beltz Verlag, Weinheim und Basel
Programm Beltz & Gelberg, Weinheim
Alle Rechte vorbehalten
Reihenlayout und Einband von Wolfgang Rudelius
unter Verwendung einer Illustration von Kerstin Meyer
Gesamtherstellung Druckhaus Beltz, 69494 Hemsbach
Printed in Germany
ISBN 3 407 78118 0
2 3 4 5 6   03 02 01 00 99

Aufregung

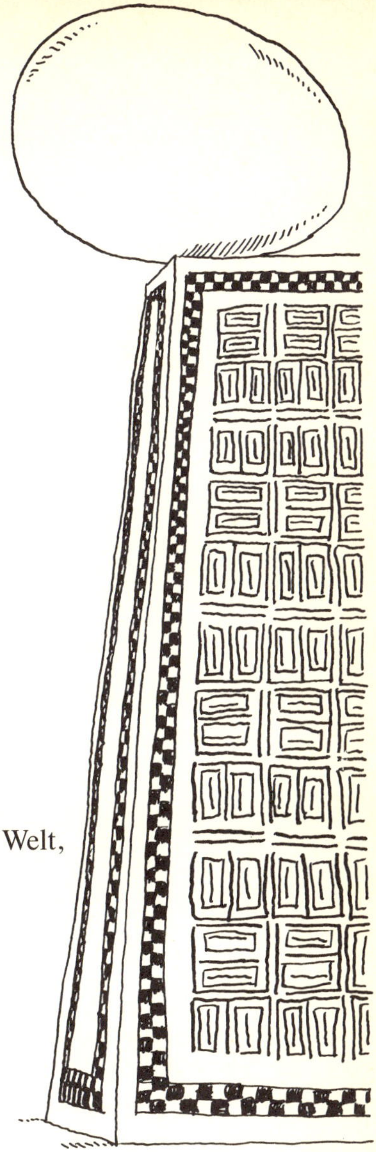

Lauft alle,
schnell, schnell!
Schnell, schnell, schnell,
rennt herbei!
Es regt sich,
bewegt sich!
Es ko-,
ko-,
ko-,
kollert...
Zu Hilfe,
wer hält es?
O Himmel,
da fällt es,
das Ei!

Da liegt es
und ist entzwei
ganz und gar.
Und alle Mechaniker auf der Welt,
kriegen's nicht mehr hin,
wie es war.

Ritt

Mit Beinen, grau wie Buchenbäume,
wandert her durch weite Räume,
wandert her durch manches Land
bis zu dir der Elefant.

Er kommt, um dich zu fragen:
Freund, sag, soll ich dich tragen?
Mit meinem Rüssel nehm ich dich,
auf meinen Rücken schmeiß ich dich,
dann gehn wir wie ein Held,
trari,
trara,
trarumtata,
zusammen durch die Welt.

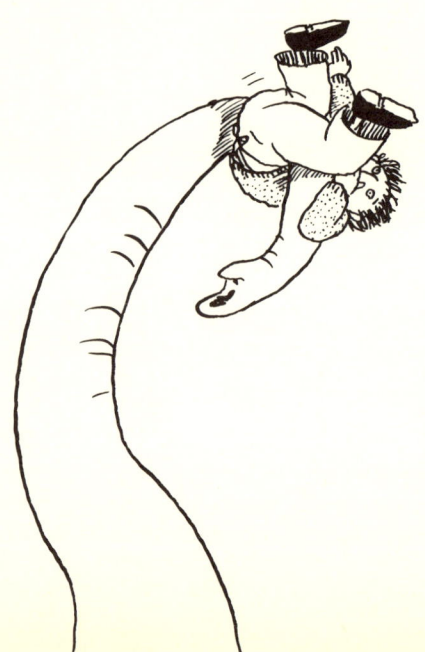

Was der Kuckuck noch nie gesehen hat

Die Krähen:
Herr Kuckuck, Sie waren lange fort!
Sehn Sie den Topf im Grase dort?
Hier stand einmal im Februar
ein Schneemann, dick und wunderbar.

Er stand im Garten, Tag und Nacht,
drei Kinder hatten ihn gemacht.
Als sie ihn bauten, da haben wir Krähen
mit eigenen Augen zugesehen.
Doch der Frühling ist ihm nicht bekommen,
er ist zerschmolzen und zerronnen.

Wir Krähen kannten den Schneemann gut:
Der Topf, der dort im Grase liegt,
das war sein Hut.

Der Kuckuck:
Hört, was der Kuckuck spricht:
Schneemänner gibt es nicht.
Was ihr erzählt, ist alles erlogen!
Ich habe noch nie einen Schneemann gesehen –
und bin durch ganz Afrika geflogen!

Fuchs und Igel

Der Fuchs rief: »Ei,
was hab ich gefunden:
Dich, Igel,
dich runden!

Daß ich dich treffe,
wie wunderbar!
Jetzt kann ich dich fressen
mit Haut und Haar!

Ich bin groß,
und du bist klein,
du paßt gut
in mich hinein!

Her, du feines
Mittagessen:
Augen zu,
du wirst gefressen!«

Wupp! – Die Stacheln
haben gestochen.
Das Maul war geschwollen
noch nach drei Wochen.

Nach drei Wochen
trafen sich beide

zufällig wieder
hinter einer Weide.

Hinter einer Weide
bei einem alten Schuh.
Der Igel: »Da bist du ja wieder,
du!«

Drauf der Fuchs:
»Dich fresse, wer mag!
Guten Tag!«

Problem

Ein Frosch sprach im Frisiersalon
– auf dem Sessel saß er schon –
zu Lehrling Eugen Adamson:
»Stutzen Sie die Haare mir
und – jedoch ein wenig nur –
den Vollbart außerdem.«

Eugen ging zum Meister:
»Chef, da ist ein Problem.«

Die Kau

Ich kannte eine Kuh.
Sie lag auf der Wiese
in himmlischer Ruh.
Ich sah ihr stundenlang zu,
wie sie Kau-gummi,
Kau-gummi,
Kau-gummi
kau-te,
die Kau-,
nein, die Kau-,
nein, die Kuh,
die Kau-,
ja, die Kau-,
ja die Kau-,
ja, die Kau-gummi,
Kau-gummi
Kau-gummi
kau-ende
himmlische Ruh.

Kleewiese

Süßen Saft
in hübschen Tüten
reicht der Klee
mit tausend Blüten.
Ja, mein Freund,
wenn's nicht so wär,
kämen keine
Bienen her.

Doch die Kühe
auf der Wiese
mampfen alles:
Grüngemüse,
süße Blüten,
saure Bienen,
und verziehen
keine Mienen.

Ameisen-Glückwunsch

Es waren zwei Ameisen, aber
dazwischen war der Rhein.
Und wenn die eine Geburtstag hatte,
schrieb die andre so klein:
»Ich wünsch Dir alles Gute!«
der einen über den Rhein.

Schnee im April

April – auf einmal schneit es wieder.
Aus den Wolken schwebt es nieder.

Frösche, die am Weiher hocken,
sehn erstaunt die weißen Flocken.

Sind das wohl besondre Fliegen,
weiße zwar, doch leicht zu kriegen?

Und sie sitzen still und faul,
Augen zu, weit auf das Maul.

Doch was reinfliegt – eins, zwei, drei,
wird's zu Wasser. Zauberei!

Zu leerem Wasser, das nichts nutzt.
Man sieht sich an. Man ist verdutzt.

»Dieses ist«, der Dickste spricht's,
»ein Aprilscherz, weiter nichts.

Nichts als Unfug sozusagen.
Ich, Genossen, ich geh baden!«

Platsch! – »Ich auch!« – »Ich auch!« – »Ich auch!«
Platsch! Platsch! Platsch! klatscht Bauch um Bauch.

Einladung

Es klopft jemand an,
in der Nacht, an das Haus.
Da schaut jemand oben
zum Fenster heraus.

Wer schaut da heraus?
Der jemand bist du.
Da unten steht einer
ohne Hut, ohne Schuh.

Da steht er, der Bär,
der pelzige Mann.
»Hallo!« so ruft er.
Und das sagt er dann:

»Komm herab, komm heraus,
dann werde ich mich bücken
und du – ich bin stark –
steigst mir auf den Rücken.

Dann gehn wir spazieren,
aber weit, weit, weit fort:
zu den Räubern, zu den Wölfen,
an den gruseligsten Ort!

Kommst du mit?« fragt der Bär.
»Willst du? Nein oder ja?«
Und du? Du da oben –
was sagst du da?

Die Kiste

Auf einer Kiste an der Küste saßen zwei,
die sich küßten, da kam ein junger Junge vorbei
und fragte die zwei,
die sich auf der Kiste an der Küste küßten,
ob sie wüßten,
was in der Kiste sei.

»Keine Ahnung«,
sagten die beiden.

Da hoben sie den Deckel hoch. Der wollte nicht.
Der ächzte und krächzte noch und noch.
Aber zu dritt, da schafften sie's doch.

Sie schauten in die Kiste und riefen: »Oh!«
Was glaubst du, was in der Kiste war?
Du kommst in tausend Jahren nicht drauf!

Ein Gripsgrabel war drin,
ein Schnupfschnabelschnaufauf,
zehn Nickeldibies,
zwanzig Hoppladibos
und sogar ein hupfhimmlings Juhuchzelmiau.

Hättest DU das gewußt?
Jetzt weißt du's genau!

Die Bank in Bebra

Auf eine Bank in Bebra
setzte sich Frau Strauß.
Die Bank war frisch gestrichen.
Frau Strauß sah hernach aus
von hinten wie ein Zebra.

Geldgeldgeld

Wer zaubern kann, der zaubert sich
am besten erst mal Geld,
denn Geldgeldgeldgeldgeldgeldgeld,
das braucht man auf der Welt.

Jetzt zaubere ich mir, so denkt er sich,
der Zauberer Billy Boll,
mit Geldgeldgeldgeldgeldgeldgeld
gleich alle Taschen voll.

Darauf spricht er den Zauberspruch,
den falschen leider, schade,
und als er in die Taschen greift,
sind sie voll – Marmelade.

Kaugummi-Krankheit

Ein Mädchen saß auf einem Zaun
– o Himmel! – gräßlich anzuschaun,
mit einem Auswuchs riesengroß.
Doch blies es eine Blase bloß.

Entwischt

Aus der Tasche sprang mir heut
ein Apfel. Ich rief: »He!«
Er hörte nicht. Er lief hinab
die Tre-
      pe-
        pe-
          pe-
            pe-
              pe-
                pe-
              pe-
            pe-
          pe-
        pe-
      pe-
    pe-.

Löwe links und Löwe rechts

Am Eingang zum Schloßpark
sitzt rechts und links
auf einem steinernen Sockel
ein steinerner Löwe.
Mag's regnen,
mag's schneien,
mag die Sonne scheinen,
die beiden sitzen immer gleich da,
der eine guckt nach oben
und macht ein Gesicht,
als würde er gleich niesen,
der andere guckt in die Gegend,
und nur ab und zu mal

holt einer mit der Pranke aus
und schnappt sich einen,
der vorbeigeht.
In ihrem Maul
sind gefährliche Zähne,
aber meistens
tun sie einem nichts
und sind harmlos,
und ich weiß nicht,
ob sie überhaupt manchmal Leute fressen,
wahrscheinlich hat Roland das gelogen.
Er behauptet immer solche Sachen.

Zweierlei Nägel

Jan Hagel betrachtet das Bild, das er fand.
Jan Hagel spricht: Das soll an die Wand!

Jan Hagel geht in die Kammer.
Jan Hagel schwingt den Hammer.

Jan Hagel zielt auf den Nagel.
Jan Hagel zielt genau.

Jan Hagel trifft den falschen Nagel.
Jan Hagel sagt: Au!

Was schneit es, wenn es schneit?

Was schneit es, wenn es schneit?
Kleingeld oder Scheine?
Das andere oder das eine?
Ach nein, ach nein, ach neine.

Ach nein, ach nein, ach nee.
Wenn's schneit, dann schneit es Schnee.
Den schneit's auch bei den Schwaben.
Die sollen nichts Eigenes haben.

Briefe

Als der Vogel Strauß drauß' lief,
die Maus aus ihrem Haus rausrief:
»Sei so lieb,
bring den Brief,
den ich schrieb,
irgendwem,
der dir gefällt,
irgendwo
auf der Welt.
Doch vergiß nicht,
sag dem Wesen:
Ich mag auch gern Briefe lesen!
Sag ihm ja,
daß es mir
ganz schnell schreiben soll!
Briefe kriegen
find ich toll.«

Langes Gedicht

Als ich, welch Glück, im Wüstenland
einen dürren Stecken fand,
nahm ich ihn in die rechte Hand
und schrieb in den Sahara-Sand
(auf dem bisher noch gar nichts stand)
vom linken bis zum rechten Rand:

Als ich, welch Glück, im Wüstenland
einen dürren Stecken fand,
nahm ich ihn in die rechte Hand
und schrieb in den Sahara-Sand
(auf dem bisher noch gar nichts stand)
vom linken bis zum rechten Rand:

Als ich, welch Glück, im Wüstenland
einen dürren Stecken fand,
nahm ich ihn in die rechte Hand
. . . . .
. . . . .
. . . . .

Begegnung

Fern im heißen Indien
schritt ein Tiger leis dahin.
Da kam ein Herr aus Degerloch,
der Tiger schritt viel leiser noch.

Tipp mit dem Finger aufs Buch ganz fein:
tipp, tipp, es kann gar nicht leis genug sein!
Fast nicht zu hören: tipp, tipp – so still
kann ein Tiger gehen, so leis, wenn er will.

Jetzt poch mit der Faust auf den Tisch ganz schwer:
So stapfte der Mann durch die Gegend daher.
Poch, poch: der Mann aus Degerloch!
Was wird geschehen? Wir hören es noch.

Sie sahen sich an und nickten sich zu.
Man grüßt sich doch! Was dachtest du?
Dann schritten sie heiter weiter fort,
der eine nach da, der andre nach dort.

Besuch bei den Forellen

In unserem Fluß
hinter der Stadt,
in einer Brühe,
häßlich verdreckt,
habe ich Fische gesehen,
die sind geschwommen,
den Bauch nach oben,
verreckt.

Den Fluß hinauf
bin ich gewandert
bis in die Berge.
Flinke Forellen
sah ich dort schwimmen
in einem Wasser,
glasklar,
wie es bei uns einmal war.

Nacht in der Wildnis

ʘ ʘ
Zwei Augen funkeln.
Ein Tiger im Dunkeln!

ʘ ʘ   ʘ ʘ
Vier Augen:
Zwei!

ʘ ʘ   ʘ ʘ   ʘ ʘ
Sechs Augen:
Drei!

ʘ   ʘ   ʘ
Sie zwinkern uns zu:
Macht's gut, ihr dort!
Und gehen
auf leisen Sohlen fort.

Wer weiß, wieviel wacht,
wer weiß, wieviel sacht
rings um uns wandert
in samtener Nacht.

Der Wind geht ums Haus

Der Wind sucht da und dort herum.
Er dreht einen leeren Zementsack um.

Er zaust die Amsel auf der Hecke.
Er jagt ein paar Blätter um die Ecke.

Aber jetzt hat er was Beßres entdeckt:
ein Windrad, vorm Haus in den Rasen gesteckt.

Nach dem Regen

Alles ist neu,
alles nah.
Alles ist lieber da.
Jedes Ding gleißt.

Ich weiß, daß mir alles gelingt.

Die Straßenbahn, die vorrüberreist, singt.

Weberknecht

»Weberknecht an der Wand,
du wanderst so elegant!
Acht Beine mit federndem Schritt!
Du selber wippst in der Mitt'!

Acht Beine – Beine so lang,
so lang, da wird uns gleich bang,
daß mal eines abbrechen kann.
Und wenn das passiert – was dann?«

»Wenn das passiert, ihr Lieben,
dann habe ich bloß noch sieben.
Doch dann mach ich noch lang kein Geschrei –
es gibt Leute, die haben bloß zwei!«

Zwei Gänse gingen durch den Wald

Zwei Gänse gingen durch den Wald.
Warum? Warum?
Sie taten's halt.

Sie schritten im Moose mit frischem Mut
und sprachen zueinander:
»Hier watschelt sich's gut!«

Sie witschelten, watschelten froh und frei.
Der Fuchs, Hans Flugs, wohnte nahebei.

Der schielte aus seinem Bau
und sagte zu seiner Frau:
»Ich will dir was verraten:
Heute gibt's Gänsebraten.
Morgen gibt es Gänseklein.
Lustig muß das Leben sein!«

Zwei fette Gänse locken.
Der Fuchs macht sich auf die Socken.

Hans Flugs rennt so flugs wie noch nie.
Aha, gleich hat er sie!

Die Gänse fliegen, hui!
Ihm bleibt eine Feder, pfui!

Da schimpfte der Fuchs: »Zu dumm!«
und dreht sich wieder um.

Davon sind die leckeren Schwestern.
Was gab's bei Fuchsens zu Mittag?
Mäuse wie gestern.

Annett

Ich kannte eine Annett,
die sprang vom Dreimeterbrett.
Die hat sich alles getraut.
Der hat es vor gar nichts gegraut,
außer vor Pudding mit Haut.

Das Waldhaus
(mit Begleitmusik)

Wir liegen im Waldhaus in tiefer Nacht.
Da naht ein Trappeln.
Erwacht! Erwacht!
   (Wir trappeln, erst leise, dann laut)

Vorm Fenster stehen die Wölfe
und heulen, alle zwölfe.
   (Wolfsgeheul)

Noch zwanzig kommen dazu
und helfen heulen. Hu!
   (Noch mehr Geheul)

Jetzt sind es zweiunddreißig.
Wir zittern und bibbern fleißig.
   (Bibbern und Zähneklappern)

Nun bringen wir denen das Bibbern bei.
Wir brüllen wie die Löwen – eins, zwei, drei!
   (Löwengebrüll)

Die Wölfe fliehn in die Ferne.
Weg sind sie. Das haben wir gerne.
   (Trappeln, erst laut, dann sich verlierend)

Im Waldhaus ist es wieder still.
Nur der Wind pfeift noch, bald leis, bald schrill.
   (Jeder darf pfeifen, bis er nicht mehr kann)

Das ABC im Rückwärtsgang

Kennst du das
ZYX?
Für den Könner
ist das nix.

WVU,
TSRQ.
Siehst du wohl,
das geht im Nu.

PONM,
LKJI.
Aufgepaßt!
Das schadet nie.

Noch mal Gas,
dann sind wir da:
HGFE,
DCBA.

Es gingen drei Kinder durch den Wald

Es gingen drei Kinder durch den Wald.
Die Kinder waren jung, der Wald war alt.

Da haben die drei unter Fichten versteckt
ein steinernes uraltes Haus entdeckt.

Sie klopften an. Kein Mensch rief herein.
Da faßten sie Mut und traten doch ein.

Sie blickten sich in der Stube um.
Da sahen sie stehen, verstaubt und stumm:

Eine uralte Uhr, eine uralte Bank,
einen uralten Tisch, einen uralten Schrank.

Der Schrank war wie der Himmel blau
und hatte Schubladen, zwölf genau.

In der ersten lag ein gläserner Ball,
in der zweiten ein Posthorn aus gelbem Metall.

In der dritten ein Männlein aus Elfenbein,
in der vierten ein Ring mit grünem Stein.

In der fünften lag ein vertrockneter Strauß,
aus der sechsten sprang eine silbrige Maus.

In der siebten lag ein zerbrochener Krug,
in der achten ein Bild: Braune Adler im Flug.

In der neunten lag ein Gewicht aus Blei,
die zehnte war voll von allerlei.

In der elften lag ein Seidentuch,
in der zwölften ruhte ein uraltes Buch.

Auf dem Buch stand geschrieben: Nimm und lies!
Sie schlugen das Buch auf, da lasen sie dies:

Es gingen drei Kinder durch den Wald.
Die Kinder waren jung, der Wald war alt.

Da haben die drei...
...

Schulausflug im Jahre 2000

Ein Schulausflug
ist ein Genuß
mit dem Raketen-
Omnibus.

Wir rasen weit
und landen sacht
dort, wo man große
Sprünge macht.

Bunte Blumen
pflanzen wir
(selbstgemachte
aus Seidenpapier)

auf die Glatze
unserm Begleiter,
dann strahlt er (der Vollmond)
noch einmal so heiter.

Toller Begleiter

Kennst du den Martin? Du, der hat
mir was erzählt. Da bist du platt.
Bei dem Gewitter vor zwei Wochen
saß er wo unterm Busch verkrochen.
Da flog vorbei an seinem Sitz
– drei Meter nah – ein Kugelblitz.

So einen trifft man nicht im Zoo.
Nicht im Museum. Nirgendwo.
Von hunderttausend sieht ihn keiner.
Doch Martin! Martin war so einer.
An ihm ist er vorbeigeflogen.
Sagt er. (Vielleicht hat er gelogen.)

Ein Kugelblitz! Ihr Herrn und Damen,
ich wollt, ich hätte einen zahmen.
Wie schritt ich dann an euch vorbei,
die Straße lang, vergnügt und frei.
Und feierlich, grell-herrlich, rund
flög hinter mir mein Wunderhund.

Der Auerhahn

Im Bergwald,
in stiller Berg-Einsamkeit,
lebte der Auerhahn
alle Zeit.

Jetzt mußte
eine Straße her,
hinauf auf den Berg,
für den Fremdenverkehr.

Der Auerhahn,
der Auerhahn
hörte den Krach
mit Grauen an.

Die Autos
und die Laster,
die mag er nicht,
die haßt er.

Er flog davon,
floh weit, weit, weit
und kommt nie wieder
in Ewigkeit.

Erde unser

Gibt's einen Gott, war er es auch,
der ihn schuf, unsern schönen Planeten.
Wir machen ihn arm. Wir bringen ihn um.
Wie wagen wir noch zu beten?

Schuhe

Eine Dame war reich
ganz und gar.
Sie kaufte sich Schuhe.
Sie kaufte sich gleich
in sieben Hauptstädten
achthundert Paar.
Doch haperte es mit den Füßen
(sie hatte nur ein Paar von diesen).

Das Haar

In unserm kleinen Städtchen war
ein Opa mit einem einzigen Haar.
Und als der wilde Sturmwind blies,
der manche Fichte stürzen ließ,
damals in dem berühmten Jahr,
da flatterte gar
auf Opas Haupt das einzige Haar.

Der Wetterhahn

Vor dem Sturm, dem wilden,
dreht mancher sich um.
Einer nicht.
Der blickt ihm kühn ins Gesicht.

Sieh ihn dir an,
wie er da oben steht
auf der Kirchturmspitze,
eisern, der Wetterhahn.

Sieh, wie er sich dreht,
immer dem Wind entgegen.
Er sieht die Wolken nahen,
den Hagel, den Regen.

Und wenn kein Lüftlein sich regt
hier unten, wo unsereins steht,
schau zu ihm auf:
Er weiß, woher der Wind weht!

Ich male mir den Winter

Ich male ein Bild,
ein schönes Bild,
ich male mir den Winter.
Weiß ist das Land,
schwarz ist der Baum,
grau ist der Himmel dahinter.

Sonst ist da nichts,
da ist nirgends was,
da ist weit und breit nichts zu sehen.
Nur auf dem Baum,
auf dem schwarzen Baum
hocken zwei schwarze Krähen.

Aber die Krähen,
was tun die zwei,
was tun die zwei auf den Zweigen?
Sie sitzen dort
und fliegen nicht fort.
Sie frieren nur und schweigen.

Wer mein Bild besieht,
wie's da Winter ist,
wird den Winter durch und durch spüren.
Der zieht einen dicken
Pullover an
vor lauter Zittern und Frieren.

Mittags auf dem Marktplatz

Auf dem Marktplatz trippeln sie in roten Strümpfen,
und zu jedem Schritte nicken sie,
und zu jedem Nicken schillern ihre Kragen.
Aber jetzt – gleich schlägt es zwölf –, jetzt, sieh!

Dröhnend fällt der erste Schlag. – Die Tauben,
flügelklatschend prasseln sie empor,
ziehn als Wolke über unsrer Stadt und kehren wieder,
trippeln nickend auf dem Marktplatz wie zuvor.

Fund

Ein Herr mit Frack
fand eine Kiste;
in der war ein Sack,
in dem war ein Zettel,
auf dem stand Schnickschnack!

Modiemido...

Modiemido-
freisasomo-
diemidofrei-
sasomodie –

Midofreisa-
somodiemi-
dofreisaso-
modiemido...

So kann man singen
immerfort
(doch gibt's auch manchen
andern Sport).

Auf ein Lesezeichen
zu schreiben

Tollkühn legt die Räuberbraut,
die sich einfach alles traut,
in das Buch als Lesezeichen
Schokolade und dergleichen.
Aber dir
verehr ich hier
diesen Streifen
aus Papier.

Amalia

Mit einem kleinen Kahn
fängt die Geschichte an.
Im Kahn – für sie gerade recht –
sitzt Amalia Leberecht,
Amalia,
Amalia,
Amalia, die Maus.

Ringsum glitzert Sonnenschein.
Geburtstag hat sie obendrein,
wie soll sie da nicht glücklich sein,
Amalia,
Amalia,
Amalia, die Maus.

Amalia, klein und heiter,
rudert über den See,
und wenn das Mäuslein drüben ist,
geht die Geschichte weiter.

Glück gehabt

Das Wetter war schön. Eine Ameise ging
spazieren durch den Zoo.
Da setzte sich der Elefant
auf seinen dicken, na jo.

Auf seinen dicken Du-weißt-schon-wen.
Da rief sie erschrocken: »Oh!«
Er hätte sich fast auf sie gesetzt.
Doch fehlte noch ein bißchen was,
ein Millimeter oder so.

Da war sie aber froh.

Beinahe hitzefrei

Heut war beinahe hitzefrei,
doch fehlte ein Grad oder zwei.
Das ist nicht schön gewesen.
Fritz saß und malte einen Hund
mit einer Blase aus dem Mund
(KNURR! war darin zu lesen).

Müdes, warmes Wetter

Butterstück will fort von uns,
will im Mai spazieren.
»Bleibe, liebes Butterstück,
könnt dir was passieren!«

»Halt die Klapp!« rief Butterstück
(hat es mir gegeben!).
Später sah ich wo am Weg
Butterstücklein kleben.

War noch halbe Portion, klagte übers Wetter.
Sagte ich: »So ist das mal,
wird auch nicht mehr better.«

Zum Schnellsprechen

Sieben dumme Düsseldorfer Detektive liefen
hinter sieben nudeldicken Dackeln her.
Doch die sieben nudeldicken Dackel
schlüpften in ein Loch, und die sieben
dummen Düsseldorfer Detektive suchen
immer noch.

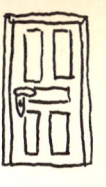

Besetzt

Ein Mann,
der im Sand
einen Schlüssel fand,
nahm den Schlüssel
in die Hand
und probierte den Schlüssel,
den er fand,
an jeder Tür
im ganzen Land,
bis er vor einem Burgtor stand.

Da paßte der Schlüssel
ganz zuletzt.
Der Mann schloß auf
und war entsetzt,
denn da standen Geister
in weißem Gewand
und sagten:
»Schon besetzt!«

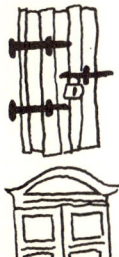

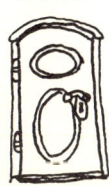

Die lange Leiter

Es steigt ein Mann
hinauf die Leiter,
die erste Sprosse,
die zweite Sprosse,
die dritte Sprosse,
und so weiter,
und so weiter...

Droben auf dem Mond
schaut er sich um:
Hat sich's gelohnt?
Kein Wirtshaus ist oben,
das kann er nicht loben.

Da steigt er wieder hinunter die Leiter:
die milliardste Sprosse,
die neunhundertneunundneunzigmillionen-
neunhundertneunundneunzigtausendneun-
hundertneunundneunzigste Sprosse,
die neunhundertneunundneunzigmillionen-
neunhundertneunundneuzigtausendneun-
hundertachtundneunzigste Sprosse
– wie geht's weiter,
wie geht's weiter?

Von der Leiter
steigt er wieder
auf unsre schöne Erde nieder.

»Das war«, spricht er,
»liebe Leute,
Sport genug für heute.«

Ferienjob

Gestern in der Geisterbahn,
wie hab ich mich entsetzt,
kam ein Gorilla auf mich zu,
das Gebiß gefletscht.

Zottig, wild, mit Riesenpranken
kam er mir entgegen
und sprach zu mir, er sei mein Freund.
Ich sagte ihm: »Von wegen!«

Jedoch er war's, der Klaus, mein Freund,
mein bester Freund, mein treuer!
Zur Ferienzeit verdient er sich
sein Geld als Ungeheuer.

Zahlen

»Ist Ihnen auch schon aufgefallen«,
sagte mein Computer zu mir,
»daß 9 mal 99 mal 999 mal 999 999 999 plus
535 plus 682 526 mal 0 mal 83 mal 8 934 mal
784 536 393 425 plus 3 gleich 3 ist?«
»Was?« rief ich. »3? Bloß 3?«
»3. Mehr kommt nicht heraus.
Bei alledem. Ist das nicht zum
Sich-die-Kontakte-Raufen?«
»Lächeln!« sagte ich. »Immer nur lächeln!«

Unterhaltung

»He!«
sprach der Fuchs zu mir.
»Ich geh heut nacht auf Hühnerklau.
Machst mit?«
Ich sagte: »Nee,
mit dir, o Fuchs, geh ich nicht mit,
du Schuft, Schelm, Schurke, Erzbandit,
du Tunichtgut, du Taugenichts,
du ausgekochter Bösewicht,
du Strolch, Pirat und Lumpenhund,
Ganove, Gangster und – und – und – «
»Sonst«, sprach er, »fällt dir nichts mehr ein?«
Ich sagte: »Leider – nein.«

Mann mit Hut

Ich kannte einen,
den gab es hier.
Der ging nicht zur Kirche,
der ging nicht zum Bier.

Er besaß keine Socken,
er besaß kein Gewand.
Er hatte keine Krawatte,
er hatte keinen Verstand.

Er hatte nur eins: einen Hut.
Der machte ihn zum Mann.
Den trug er alle Tage,
bis er zerrann.

Sabine sprach zum Gockelhahn

Sabine sprach zum Gockelhahn:
»Schau meinen locker sitzenden Eckzahn an!
Er wackelt hin,
er wackelt her,
wie ein Dackel wackelt er!«

Da guckte der staunende Gockelhahn
den wie ein Dackel wackelnden Eckzahn an
und schrie:
»Kikeriki!
So etwas sah ich mein
    Lebtag noch nie!«

Die Kiste an der Küste

An der Küste
lag eine Kiste.
Ich schaute hinein.
Hinter mir
kamen andere drein,
die schauten hinein,
ein ganzer Verein.
In einer Kiste
an der Küste
kann vieles sein.
Doch war was drin?
Nein.

Wenn du vorbeikommst,
leg was hinein,
damit sie was zu schauen kriegen,
die vielen, die da wandern,
einer um den andern.

Buckelkratzen

Bernd rief:
»Bär, kratz mich am Buckel,
mich beißt's!«
Aber als der Bär den Bernd
mit den Krallen am Buckel kratzte,
rief der Bernd gleich:
»Danke, danke, jetzt reicht's!«

Auf einem Markt in Bengalen

Auf einem Markt in Bengalen
nahm ein Tiger sich Würstchen vom Stand.
Die aß er, ohne zu zahlen.
Dann ging er fort über Land.
Ja, ist das ein Betragen?
Doch traute sich keiner was sagen.

Der große Mann

Es war einmal ein großer Mann,
der fing wie wir am Boden an,
doch ging zu Ende dieser Mann
erst ganz hoch oben irgendwann.

Sein Kopf war voller Beulen.
Er sprach: »Es ist zum Heulen,
andauernd stoß ich armer Mann
an Sonne, Mond und Sternen an!«

Doch sonst
war nichts Besondres dran
an diesem Herrn,
dem großen Mann.

Schuhputzen

Am Samstag
putzen sie ihre Schuh,
am Samstag,
das ist so Brauch:

Der Tausendfüßlervater,
die Tausendfüßlermutter,
die Tausendfüßlerkinder
auch.

Einmal die Woche,
das ist nicht zu viel.
Doch tausend Schuhe,
das ist kein Spiel.

Sie sitzen vorm Haus
bei den Veilchen.
Das Putzen,
das dauert ein Weilchen.

Jedes putzt
seine tausend Schuh.
Ein Regenwurm,
der vorbeikommt, schaut zu.

Regenwurm,
o Regenwurm, sag,
was tust DU am Samstag
den lieben langen Tag?

Der Denkmalmann

Im Stadtpark
steht der Denkmalmann
so still,
daß keiner stiller stehen kann.

Steh du
drei Minuten wie er!
Probier's!
Es ist schwer.

Die Tauben
setzen sich gerne
ihm aufs Haupt.
Er blickt in die Ferne.

Goethe,
so heißt er.
Im Dichten
war er Meister.

Er hat gedichtet,
geseufzt, gelacht.
Dann haben sie ihn
aus Erz gemacht.

Nun steht er
im Regen und Sonnenschein

auf seinem Sockel
ganz allein.

Kommt der Winter,
macht dieser ihm leis
eine Mütze,
schneeweiß.

Geht es dir auch so?

Ich kenne eine Ruth.
Die fragte ich, wie es ihr geh.
Meist ist ihr fröhlich zumut,
manchmal aber so weh
wie einem Regenwurm, barfuß im Schnee.

Zwei Meisen fanden ein A

Zwei Meisen
fanden ein A.
Jede wollte es haben.
Hört, was geschah.

Die eine hat's an sich gerissen.
Juchhe, ihr ist es geglückt!
Drauf hat die Meise ohne A
die Ameise aufgepickt.

Man soll nicht alles haben wollen,
das ist's, was wir uns merken sollen.

Pst!!!

Auf den Socken,
sacht, sacht, sacht,
kommt ins Zimmer!
Nicht gelacht!

Nicht geniest
und nicht gehustet!
Nicht gekichert,
nicht gepustet!

Denn dort,
mit gesenkter Stirne,
sitzt bei einer
hellen Birne,

in den Händen
beinah nix,
Herr Professor
Doktor Icks.

Sitzt und bastelt
ganz im stillen
einen Maulkorb
für Bazillen!

Durch den Schlamm

Ein
Mann
stapft
durch
den
Schlamm,
ab
und
zu
hält
er
an,
weil
er
nicht
mehr
kann.

Doch jetzt ist er durch,
jetzt marschiert er wieder
auf festem Grund
und pfeift frohe Lieder.

Schöne Wohnung

Bei den Felsen
hinten im Föhrenwald
liegt eine Riesenvase,
zweitausend Jahre und noch was alt.
Ein gutes Stück,
ein schöner Trumm,
mit Bildern und Mustern rundherum.

Wo hat der Fuchs seinen Aufenthalt?
Bei den Felsen,
hinten im Föhrenwald,
dort haust er in der Vase.
Und wer die Vase holen will –
den beißt er in die Nase!

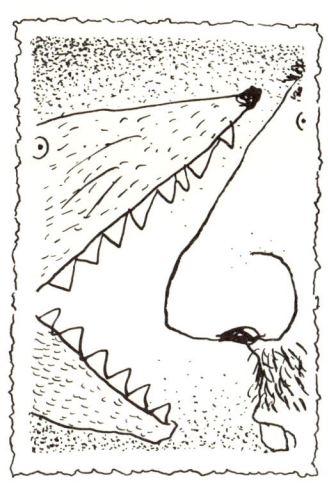

Sonntagsbild

Nimm ein bißchen Birkenweiß,
nimm ein bißchen Grün;
ein paar Tupfen Blau und Rot
laß am Wege blühn.

So wird's gut. Die Sonne steht
als ein Fleck, ein gelber,
über einem, der da geht,
und das bist du selber.

Muster und Figuren

Ein Borkenkäfermuster
gilt nirgends was.
Genausowenig ein Fensterglas,
mit dem Mund behaucht,
mit dem Finger bemalt.
Das sind so Dinge,
für die keiner was zahlt.

Leider, leider, larum.
Doch machen wir's eben darum.
Wir malen auf Fenster
und machen keck
Figuren und Vasen
aus lehmigem Dreck.

Das Kaspar-Hauser-Spiel

*Alle Kinder stehen in einer großen Gruppe beisammen. Nur
Kaspar Hauser – ein Junge oder Mädchen – sitzt schweigend
abseits.*

Alle:
Was tun wir nun?
Wer weiß etwas?
Der sag es leise,
leise.

Ein Kind, geheimnisvoll:
Ich weiß etwas,
ich weiß etwas:
Wir gehen auf die Reise!

Alle fröhlich im Kreis:
Jetzt singen wir,
jetzt springen wir,
wir tanzen Hand in Hand.
Wir tanzen durch Europa,
das ist ein schönes Land.

Sie halten vor Kaspar Hauser.
Ein Kind:
Wer sitzt an unsrer Straße,
Wer sitzt auf einem Stein?

Alle:
Wer sitzt da in Europa
verlassen und allein?

Ein andres Kind:
Kaspar Hauser sitzt am Weg.

Ein drittes:
Kaspar Hauser weint.

Ein viertes:
Kaspar Hauser sieht nicht mehr,
daß die Sonne scheint.

*Alle, während sie Kaspar Hauser in ihren Kreis
aufnehmen:*
Kaspar Hauser,
steh auf, steh auf!
Kaspar Hauser,
lauf, lauf, lauf!
Tanz mit uns durch Europa,
tanz mit uns Hand in Hand!
Europa, Europa, Europa
ist ein schönes Land!

*Bei den folgenden Spielen ist stets ein anderes Kind
Kaspar Hauser, und der Name Europa wird durch Afrika –
Asien – Amerika – Australien ersetzt.*

Veilchen im März

Als wir am Hang fünf hübsche Veilchen fanden,
rissen wir nicht frech die Veilchen aus.
Nähmen wir sie heim: ein kleines Weilchen,
und die Veilchen stünden welk im Haus.

Blüht, ihr Veilchen, und verstreut die Samen,
blanke, kleine Kugeln, um euch her!
Einmal sollen viele Veilchen wachsen,
hundert Veilchen, hier am Hang, und mehr.

Gerettet

Die Katze rief:
»Gleich hab ich dich!«
Die Maus rief:
»Och, och, och,
ein Tisch,
ein Stuhl,
ein Schrank,
ein Ball,
ein Kind,
ein Korb,
ein Ding,
ein Trumm –
gottlob, da ist das Loch!«

Dann rief sie aus dem Loch heraus:
»Gerettet bin ich doch!«

Dick und dünn

Schau dort dieses ungeheure Vieh!
Wie es dasteht, dieses Nilpferd, sieh!
Wie von unsereinem ein Verein,
so viel Platz braucht es für sich allein.
Wie es nur, so kolossal zu sein, sich traut!
Ach, ein Nilpferd wohnt in einer dicken Haut!

Und
hier
steh
dünn
ich
Reh.

Die Bohne

Ich wachse, was ich wachsen kann.
Erst vor acht Wochen fing ich an
und bin schon größer als ein Mann.

Wer macht mir's nach, wer holt mich ein?
Seht dort den Rettich, nein, ach nein,
wie ist er kurz, wie ist er klein!

Mit mir kommt keine Möhre mit.
Mit mir hält kein Kohlrabi Schritt.
Und auch der Schnittlauch dort, ich bitt,

den kann man täglich dreimal gießen –
er lernt es nie, so keck zu sprießen,
so hopp, hopp, hopp emporzuschießen.

Wie ich das kann, so wunderbar!
Nur eines freilich, das ist wahr:
Die Standkraft fehlt mir ganz und gar.

So ist es. Ach, was wäre ich,
am Boden läg ich jämmerlich,
ganz wie ein Wurm, hätt ich nicht dich!

Hätt ich nicht dich, du dürre, lange,
heißgeliebte Bohnenstange,
die ich inniglich umfange.

Briefschluß

Fall in keinen tiefen Graben,
stochre in kein Wespennest!
Tiger, welche Eile haben,
halte nicht am Schwanze fest!
Laß noch manches andre bleiben,
doch vergiß nicht, mir zu schreiben!

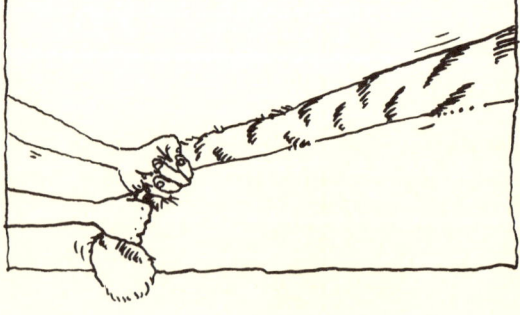

Such's in Paris nicht,
such's in Rom – Gedichte von Josef Guggenmos

Vor mir liegt ein nun schon altes Buch mit dem seltsamen Titel »Gugummer geht über den See«, Gedichte von Josef Guggenmos. Es ist 1957 im Mittel-deutschen Verlag, Halle, erschienen, und der inzwischen verstorbene Dichter Günter Bruno Fuchs hat dieser Ausgabe fünf Holzschnitte beigegeben. Die-sen Gedichten hat die Zeit nichts ausgemacht. Noch immer gilt die Antwort auf die Frage »Wer ist er, wer ist er? – Ach, frage mich nicht! Gugummer – wer ist er schon? Er hat erfunden das Pulver nicht, noch zertrümmert das Atom. . . . Drei Gramm sind Gus wahres Gewicht. Doch zum Glück kennt die Welt den Sachverhalt nicht. . . Mit hintergründigem Lächeln und möglichst ganz ohne Worte spaziert er dahin, ein Hochstapler eigener Sorte.« Seither lebt dieser Gugummer, einer, den keiner kennt, unter uns. Er läßt uns hoffen. »Er dichtet behutsam ein kleines Gedicht, das er sich selber hundertmal spricht. . . . Es ist sein Feuer im kalten Feld, an das er die blauen Hände hält.« Er liebt die kleinen, zerbrechlichen Dinge, die zart und nah sind; er beschert uns wahre Einfalt, dieser Gugummer. Nicht weit von ihm entfernt hat der Dichter Josef Guggenmos auch jene Gedichte angesiedelt, die viele Kinder (inzwischen wohl schon in der zweiten Generation) aus ihren Lesebüchern kennen. Als 1967 seine Sammlung »Was denkt die Maus am Donnerstag?« (123 Gedichte für Kinder) erschien, war dies – daran ist kein Zweifel – die Geburtsstunde einer neuen Kinderpoesie, welche die damals beliebte Reim-kunst der Krüss, Hacks u. a. ergänzte oder gar ablöste.

Was ein Kindergedicht ist, wie es lebt und wirkt, das ist schwer zu erklären. Soll man damit bei Matthias Claudius anfangen? Viele seiner Gedichte haben das Einzigartige, das Kindergedichte auszeichnet. Vielleicht müßte man zu-vor Verse aus »Des Knaben Wunderhorn« hören, damit erinnert wird, was verloren ging. Auch könnten Verse von Morgenstern und Ringelnatz nicht schaden. Bert Brecht nicht zu vergessen!

Josef Guggenmos erinnert in seinem Nachwort zur Donnerstagsmaus an Ver-gil, an den Dichter der Hirtengedichte, der Gedichte über den Ackerbau, den Weinbau, über die Zucht der Bienen. . . »Das sind Dinge, vom Kinderge-dicht, so scheint es, meilenweit ab. Und doch. In dem Dichter der Georgica und der Eklogen muß die Liebe zum Schlichten gebrannt haben, zu den Dingen mit einem hohen Gehalt an Schweigen. Das aber ist es auch, meine ich, was der Verfasser von Kindergedichten als Besonderes mitbringen muß, was ihn zu der geheimen Übereinkunft mit dem Kind befähigt.« Kein abschnurrendes Spielwerk dürfe das Kindergedicht sein, schreibt Guggenmos, es müsse lebendig sein, Fleisch und Blut, vollendet, ohne jemals fertig zu sein, ein lebendiges Geschöpf. »Das Fertige ist der Tod. Das gilt auch fürs Kindergedicht.« Dies wurde vor mehr als zwei Jahrzehnten aufgeschrieben. Nach wie vor läßt sich der Dichter Josef Guggenmos daran messen, nicht stets und aufdringlich, sondern grundsätzlich. Er hat sich daran gehalten – eine erstaunliche Werktreue. Seine Wirkung vollzieht sich eher im Stillen, so etwas macht keinen Lärm. Schon gar nicht für die Literaturkritik. Wer sich aber intensiver mit seinen neuen Gedichten befaßt, entdeckt nicht nur den alten, stets überraschenden Guggenmos der Donnerstagsmaus, und dies in erheblicher Ausweitung, er findet auch den Dichter der leisen Mahnung an unser Tun. Beharrlich steht Guggenmos in der von ihm geprägten Tradition einer Lyrik für Kinder, die liebevoll und kundig die Natur beobachtet, ihr die vom Wind bewegten Schilfblätter ablauscht, oder – zum Beispiel – auch erklärt, daß es alle Mechaniker auf der Welt nicht mehr hinkriegen, wie es war, ist es erst einmal kaputt: das Ei. Verblüffend, wie viele Dinge wir als selbstverständlich hinnehmen: Wunder, die unser Hochmut nicht mehr sieht. »Nimm ein bißchen Birkenweiß, nimm ein bißchen Grün...« Das Spiel in seinen Gedichten (und hier wird reichlich gespielt – »such's in Paris nicht, such's in Rom« –, kein Tag ist dafür zu schade) eröffnet viele Möglichkeiten, sich selbst hoffnungsfroh zu begegnen. Und geheimnisvoll, tröstlich klingt, was in uns Vertrauen auslöst:

> Wer weiß, wieviel wacht,
> wer weiß, wieviel sacht
> rings um uns wandert
> in samtener Nacht.

In den sechziger Jahren und Anfang der siebziger Jahre habe ich des öfteren Sammlungen mit Texten von Josef Guggenmos edieren dürfen, darunter eben auch »Was denkt die Maus am Donnerstag?«, jene Sammlung, die Guggenmos einer breiteren Öffentlichkeit bekannt machte. Stets habe ich ihn bewundert, diesen Dichter, der seine »Bilder« eher karg, wie beiläufig entwickelt – und doch ist selbst das kleinste Detail genau gezeichnet, unbedingt richtig. Diese aus der Erfahrung, aus der Fülle von Beobachtungen kommenden Gedichte haben Atem für viele Jahrzehnte, gehören zum wichtigen Bestand unserer Kinderpoesie.

Hans-Joachim Gelberg

Inhalt
Alphabetisch geordnet nach Überschriften

Josef Guggenmos
Zwei mit vier Beinen
Rätsel und Gedichte
Mit farbigen Bildern von Rotraut Susanne Berner
Gulliver Taschenbuch (78070), 76 Seiten *ab 8*

In diesem Rätselbuch gibt es viel zu raten, zu schmunzeln und zu
lachen. Da wird mit Namen und Jahreszeiten gespielt, Wörter
werden auf den Kopf gestellt, Tiernamen gesucht, Buchstaben
durcheinandergewirbelt. Selbst Geheimsprachen fehlen nicht! Die
Sammlung für findige Köpfe enthält ganz leichte, weniger leichte
und schwierige Rätsel. Rotraut Susanne Berner hat sie vergnüglich
illustriert – das erhöht den Ratespaß!

Beltz & Gelberg
Beltz Verlag, Postfach 10 01 54, 69441 Weinheim

Hans-Joachim Gelberg (Hrsg.)
Überall und neben dir
Gedichte für Kinder in sieben Abteilungen
Mit Bildern von vielen Künstlern
Gulliver Taschenbuch (78050), 304 Seiten
für Kinder & Erwachsene

Eine Sammlung von fast 400 Gedichten von über 130 Autorinnen
und Autoren, mit meist farbigen Bildern von vielen Künstlern.
Die Gedichte handeln von der Natur, von Wind und Wetter, von
Nähe und Ferne, von Reisen, Rätseln und Geheimnissen, von
Geschwistern, Vater und Mutter.

»Das ist ein Buch, wie ich mir viele wünsche, lebendig am Leben
interessiert, zuversichtlich kritisch und lustvoll lustig zugleich, ein
Buch, das vor allem, aber nicht nur Kindern Spaß machen wird.«
Gerd Stahlschmidt, Südfunk

Beltz & Gelberg
Beltz Verlag, Postfach 10 01 54, 69441 Weinheim

Marina & Wolfdietrich Schnurre
Die Sache mit den Meerschweinchen
Alle Geschichten von Heini & Tine
Mit Bildern von Kerstin Meyer
Gulliver Taschenbuch (78312), 136 Seiten   *ab 6*

Heini ist krank. Nichts schmeckt ihm mehr, noch nicht einmal
Bonbons helfen ihm. Nur ein Meerschweinchen kann ihn retten,
erklärt seine Freundin Tine. So kommt Fummel ins Haus,
ein ungewöhnlich schönes Meerschweinchen. Und Heini
wird augenblicklich gesund. Natürlich will Tine nun auch so
ein süßes Tierchen haben. Damit beginnt für Heini und Tine
eine turbulente Zeit, denn die Meerschweinchen halten
sowohl die Kinder als auch die Erwachsenen auf Trab. –
Geeignet zum Vorlesen und zum Selberlesen.

Beltz & Gelberg
Beltz Verlag, Postfach 100154, 69441 Weinheim